LE CHEVAL ET LE CAVALIER.

LE CHEVAL

ET

LE CAVALIER.

SECONDE ÉDITION.

A NANTES,

De l'Imprimerie de Mellinet-Malassis.

A PARIS,

Chez Raynal, lib., rue Pavée-S.-André-des-Arcs.

1823.

LE CHEVAL

ET

LE CAVALIER.

Sous ce titre, j'ai essayé de réunir, en quelques pages, ce que vingt auteurs ont longuement écrit sur l'équitation et sur l'entretien du cheval. On ne doit donc point s'attendre à trouver ici des principes développés d'un art qui exige de longues études, mais seulement un abrégé des diverses connaissances nécessaires à celui qui aime à se livrer à un des exercices les plus agréables de la vie.

DU CHEVAL.

« La plus noble conquête que

l'homme ait jamais faite, » dit Buffon, est celle de ce fier et fougueux animal, qui partage avec lui les fatigues de la guerre et la gloire des combats: aussi intrépide que son maître, le cheval voit le péril et l'affronte; il se fait au bruit des armes, il l'aime, il le cherche et s'anime de la même ardeur: il partage aussi ses plaisirs; à la chasse, aux tournois, à la course, il brille, il étincelle. Mais, docile autant que courageux, il ne se laisse point emporter à son feu; il sait réprimer ses mouvemens: non-seulement il fléchit sous la main de celui qui le guide, mais il semble consulter ses désirs, et, obéissant toujours aux impressions qu'il en reçoit, il se précipite, se modère ou s'arrête, et n'agit que pour y satisfaire: c'est une créature qui renonce à son être pour n'exister que par la volonté d'un autre, qui sait même la prévenir; qui, par la promptitude et la précision de ses mouvemens, l'exprime et l'exécute; qui sent autant qu'on le désire et ne rend qu'autant qu'on veut; qui, se livrant sans réserve, ne se refuse à rien, sert de toutes ses forces, s'excède et même meurt pour mieux obéir. »

Des beautés du Cheval.

Le cheval est de tous les animaux celui qui, avec une grande taille, a le plus de proportion et d'élégance dans les parties de son corps..... L'attitude de la tête et du cou contribue, plus que celle de toutes les autres, à donner au cheval un noble maintien. La partie supérieure de l'encolure, dont sort la crinière, doit s'élever d'abord en ligne droite en sortant du garrot, et former ensuite, en approchant de la tête, une courbe à-peu-près semblable à celle du cou d'un cygne. Toutefois, la forme de l'encolure varie dans les différentes races de chevaux : elle est même un caractère distinctif de quelques-unes. La partie inférieure de l'encolure ne doit former aucune courbure ; il faut que sa direction soit en ligne droite depuis le poitrail jusqu'à la ganache et un peu penchée en avant : si elle était perpendiculaire, l'encolure serait fausse. Il faut aussi que la partie supérieure du cou soit mince et qu'il y ait un peu de chair auprès de la crinière, qui doit être médiocrement garnie de crins longs et déliés. Une belle encolure doit être longue et relevée, et cependant proportionnée à la taille du cheval : lorsqu'elle est trop longue et trop menue, les chevaux donnent ordinairement des coups de tête ; et quand elle est trop courte et trop charnue, ils sont pesans à la main ; pour que la tête soit le plus avantageusement placée, il faut que le front tombe perpendiculairement au bout du nez : si la tête sort de la ligne perpendiculaire en avant, le cheval est dit *porter au vent* ; si elle sort en arrière , il est dit *s'en-capuchonner* ou *s'armer*. Dans cette dernière position le cheval, en se rendant maître des léviers qui opèrent la pression de l'embouchure sur les barres, se soustrait aux efforts d'une main ignorante.

La tête doit être sèche et menue sans être trop longue ; les oreilles peu distantes, petites, droites , immobiles, étroites, déliées et bien plantées sur le haut de la tête ; le front étroit et peu convexe ; les salières remplies , les paupières minces ; les yeux clairs, vifs, pleins de feu, assez gros et avancés à fleur de tête , la prunelle grande ; la ganache décharnée et peu épaisse ; le nez un peu arqué , les naseaux bien ouverts et bien fendus , la cloison du nez mince ; les lèvres déliées , là bouche médiocrement fendue ; le garrot élevé et tranchant, les épaules sèches, plates et peu serrées ; le dos égal, uni, insensiblement arqué sur la longueur, et relevé des deux côtés de l'épine, qui doit paraître enfoncée ; les flancs pleins et courts, la croupe ronde et bien fournie, la hanche bien garnie, le tronçon de la queue épais et ferme, le bras et la cuisse gros et charnus, le genoux rond en devant, le jarret ample et évidé, les canons minces sur le devant et larges sur les côtés, le nerf bien détaché, le boulet menu, le fanon peu garni, le pâturon gros et d'une médiocre longueur, la couronne peu élevée, la corne noire, unie et luisante ; le sabot haut, les quartiers ronds, les talons larges et médiocrement élevés, la fourchette menue et maigre, la sole épaisse et concave.

Il y a peu de chevaux dans lesquels on trouve toutes ces perfections rassemblées.

Des Défauts du Cheval.

Les yeux sont sujets à plusieurs défauts qu'il est quelquefois difficile de reconnaître. Dans un œil sain, on doit voir à travers la cornée deux ou trois taches couleur de suie au-dessus de la prunelle; car, pour voir ces taches, il faut que la prunelle soit claire, nette et transparente : si elle paraît double ou de mauvaise couleur, l'œil n'est pas bon. La prunelle petite, longue et étroite désigne aussi un mauvais œil; et, lorsqu'elle a une couleur de bleu verdâtre, l'œil est certainement mauvais et la vue trouble.

Les autres défauts visibles du cheval sont les oreilles basses, écartées, pendantes; la tête mal pendue, les salières creuses, le nez creux ou le chanfrein enfoncé, la ganache serrée, le bout du nez gros, l'encolure renversée, le cou court, le garrot rond et bas, les épaules grosses, le poitrail serré, la jambe arquée, les reins bas, les côtes plates, le flanc creux, le ventre avalé, la croupe pointue, la queue de rat, la cuisse plate.

Je ne parle pas ici d'une multitude de défauts moins essentiels à connaître, qui ne peuvent être désignés dans un abrégé, et que l'on trouvera dans des ouvrages plus volumineux sur le même sujet, ainsi que la description des diverses parties qui concourent à la formation du cheval, et que je n'ai pu qu'indiquer en énumérant ses beautés.

Remarques.

On juge assez bien du naturel et de l'état actuel du cheval par le mouvement des oreilles. Il doit, lorsqu'il marche, avoir la pointe des oreilles en avant. Un cheval fatigué a les oreilles basses ; ceux qui sont colères et malins portent alternativement l'une des oreilles en avant et l'autre en arrière :

tous portent les oreilles du côté où ils entendent quelque bruit ; et, lorsqu'on les frappe sur le dos ou sur la croupe, ils portent les oreilles en arrière ; ce mouvement annonce la volonté dans laquelle ils seraient de mordre ou de frapper avec le pied.

De l'âge du Cheval.

Les vieux chevaux ont ordinairement les salières creuses ; mais cet indice est équivoque, puisque de jeunes chevaux, engendrés de vieux étalons, ont aussi les salières creuses. C'est par les dents qu'on peut avoir une connaissance plus certaine de l'âge. Le cheval en a 40, 24 mâchelières, 4 canines et 12 incisives. Les jumens n'ont pas de dents canines, ou les ont fort courtes : les mâchelières ne servent point à la connaissance de l'âge, c'est par les dents de devant, et ensuite par les canines, qu'on en juge. Les 12 dents de devant commencent à pousser quinze jours après la naissance du poulin : ces premières dents sont rondes, courtes, peu solides, et tombent en différens tems, pour être remplacées par d'autres : à deux ans et demi, les 4 de devant du milieu tombent les premières, deux en haut et deux en bas; un an après, il en tombe 4 autres, une de chaque côté des premières qui sont déjà remplacées. Ces 4 dernières dents de lait sont remplacées par 4 autres qui ne croissent pas, à beaucoup près, aussi vîte que celles qui ont remplacé les 8 premières, et ce sont ces 4 dernières dents qu'on appelle les *coins*, et qui remplacent les 4 dernières dents de lait qui marquent l'âge du cheval; elles sont aisées à reconnaître, puisqu'elles sont les troisièmes tant en haut qu'en bas, à les compter depuis le milieu de l'extrémité de la mâchoire. Ces dents sont creuses et ont une marque noire dans leur concavité. A quatre ans et demi ou cinq ans, elles ne débordent presque pas au-dessus de la gencive, et le creux est fort sensible ; à six ans et demi, il commence à se remplir ; la marque commence aussi à diminuer et à se rétrécir, et toujours de plus en plus jusqu'à sept ans et demi ou huit ans, que le creux est tout-à-fait rempli et la marque noire effacée. Après huit ans, comme les dents ne donnent plus connaissance de l'âge, on cherche à en juger par les dents canines ou *crochets* ; ces 4 dents sont à côté de celles dont je viens de parler. Ces dents canines, non plus que les mâchelières, ne sont pas précédées par d'autres dents qui tombent ; les 2 de la mâchoire inférieure poussent ordinairement les premières à trois ans et demi, et les 2 de la mâchoire supérieure à quatre ans, et, jusqu'à l'âge de six ans, ces dents sont fort pointues : à dix ans, celles d'en haut paraissent déjà émoussées, usées et longues, parce qu'elles sont déchaussées, la gencive se retirant avec l'âge ; plus elles le sont, plus le cheval est âgé. De dix jusqu'à treize ou quatorze ans, il y a peu d'indice de l'âge ; mais alors quelques poils des sourcils commencent à devenir blancs : cet indice est cependant aussi équivoque que celui qu'on tire des salières creuses, puisqu'on a remarqué que les chevaux engendrés de vieux étalons et de vieilles jumens ont des poils blancs aux sourcils dès l'âge de neuf ou dix ans.

Il y a des chevaux dont les dents sont si dures qu'elles ne s'usent point, et sur lesquelles la marque noire subsiste et ne s'efface jamais ; mais ces chevaux, qu'on appelle *béguts*, sont aisés à reconnaître par le creux de la dent, qui est absolument rempli, et aussi par la longueur des dents canines : au reste, on a remarqué qu'il y a plus de jumens que de chevaux béguts. On peut aussi connaître, quoique moins précisément, l'âge d'un cheval par les sillons du palais, qui s'effacent à mesure que le cheval vieillit.

Des Races.

Les différentes races de chevaux sont les *arabes*, que, de l'aveu général, on désigne comme les premiers chevaux du monde ; les *persans*, qui sont les meilleurs chevaux de l'orient après les arabes ; les *tartares*, capables du plus grand travail, de la plus forte course et de la plus longue abstinence ; les *barbes*, petits, pleins de vitesse et de nerf, fort légers et très-propres à la course ; les *espagnols*, pleins de courage , d'obéissance, de grâce, de fierté, et qu'à cause de leur souplesse on choisit pour le manége ; les *anglais*, forts, vigoureux, hardis, capables d'une grande fatigue, excellens pour la chasse et la course, mais auxquels il manque de la grâce et de la souplesse ; les *italiens*, distingués par la richesse de leur taille, leur fierté et la beauté de leurs mouvemens, mais indociles et difficiles à dresser ; les *danois*, qui sont de si belle taille et si étoffés, qu'on les préfère à tous les autres pour en faire des attelages ; les *allemands*, très-beaux, mais pesans et ayant peu d'haleine ; les *hongrois*, sobres, légers et bons coureurs ; les *hollandais*, bons pour le carrosse. Les plus beaux chevaux de France sont les *normands*, remarquables par leurs belles formes, et surtout les *limousins*, qui, ressemblant beaucoup aux chevaux *barbes*, ont comme eux d'excellentes qualités , mais sont tardifs dans leur accroissement , et ne doivent être montés que de sept à huit ans.

Les *bretons* , sans avoir des formes élégantes , sont sobres et infatigables. On trouve dans quelques cantons du département de la Loire-Inférieure de petits chevaux d'une vigueur étonnante : aussi sobres que l'âne , ils sont plus ardens et plus vigoureux que lui et ne coûtent pas davantage à leur insouciant et ingrat possesseur : la taille en est si petite que sur 6000 qui furent signalés en 1799 , dans tout le 1.er arrondissement , 10 seulement furent trouvés propres au service militaire.

La supériorité des chevaux arabes sur tous les autres ne peut leur être contestée. Ils sont la race primitive ; ils présentent le type de l'espèce. Tandis que les chevaux d'Europe offrent , en quelque sorte l'ouvrage de l'homme , par le croisement des races , les chevaux arabes, dont le sang est pur et sans mélange, sont l'ouvrage de la nature.

Des Poils.

Les poils se divisent en poils simples et composés. Les poils simples sont le BLANC, qui se partage en *blanc pâle* et *blanc luisant*; le NOIR, que l'on distingue par *noir mal teint*, qui est d'une couleur roussâtre, et *noir jay* ou *jayet*, qui est d'un très-beau noir ; le BAI approchant de la couleur d'une châtaigne, dont les nuances sont le *bai brun* qui offre communément au flanc et au bout du nez un bai écarlate qu'on appelle marque de feu, le *bai châtain* tout-à-fait couleur d'une châtaigne, le *bai miroité* reconnu à des marques plus claires et plus brunes sur le corps et sur la croupe, le *bai cerise* dont le nom indique assez la couleur, le *bai doré* tirant sur le jaune, le *bai clair* et le *bai marron*, l'un le moins foncé des poils bais et l'autre le plus obscur ; l'ALEZAN, qui tire sur le roux ou sur la canelle, et dont les principales espèces sont *l'alezan clair*·qui est blond ou doré, *l'alezan lavé* à poils pâles et non roux, *l'alezan cerise* qui est le plus roux de tous, *l'alezan commun* un peu plus roux que l'alezan clair, *l'alezan bai* qui tire sur le roux, et *l'alezan brûlé* qui est obscur et brun ; les chevaux de ce dernier poil ont souvent la queue et les crins noirs ou blancs ; l'ISABELLE, dont la couleur est plus jaune que blanche, et dont les nuances principales sont *l'isabelle clair*, *l'isabelle commun*, *l'isabelle foncé*. Les poils composés sont le GRIS, mélangé de blanc et de noir, qui a plusieurs variétés, telles que le *gris pommelé*, à taches noires et blanches, parsemées sur tout le corps ; *gris argenté*, quand le fond du poil est blanc mêlé d'un gris vif ; *gris sale*, quand le poil noir domine ; *gris vineux*, quand il est mêlé avec le bai ; *gris truité*, avec l'alezan ; *gris tourdille*, qui approche de la couleur d'une grive; *gris étourneau* et *gris souris*, assez désignés par leurs noms ; le *tigre*, qui est un poil blanc semé de taches bien distinctes, noires, baies ou alzanes ; le *pie*, qui est aussi un poil blanc interrompu par de très-grandes taches noires, baies ou alezanes.

Les chevaux, dont le poil est d'une couleur sans mélange, sont appelés *zains* ; si l'on aperçoit des poils blancs semés çà et là sur quelques endroits du corps, surtout aux flancs, on les appelle *rubicans*. Le poil, mêlé de blanc, gris et bai, s'appelle *rouan* : si le poil bai est plus vif, plus doré et en plus grande quantité, alors c'est *rouan vineux* ; et si le cheval a les extrémités noires on le nomme *cap-de-more*. On entend par cheval *ladre* celui de quelque poil que ce soit, dont le tour des yeux, ou le bout du nez, ou même tous les deux ensemble sont sans poil et d'une chair rouge mêlée de taches obscures.

L'étoile est un espace de poil blanc plus ou moins grand, placé au milieu du front et au-dessus des yeux. Le *chanfrein* est une bande de poil blanc qui occupe plus ou moins d'espace, le long de l'os du devant de la tête, entre les yeux et le naseau. La *balzane* est une partie du canon de la jambe, ou le tout, rempli de poil blanc.

On ne dit jamais qu'un cheval est de telle couleur, mais on dit de tel *poil*, de telle *robe*. Quelques poils ont donné lieu aux proverbes suivans, qui ne sont, au surplus, que des niaiseries populaires : cheval blanc, bon pour le père et les enfans; alezan brûlé, plutôt mort que lassé ; cap-de-more , si tu avais bon pied tu vaudrais plus que de l'or.

Achat du Cheval.

L'achat du cheval exige de grandes précautions contre les fourberies des maquignons , et j'en parle avec expérience. Mon cadre est trop resserré pour que je puisse donner ici une notice succinte des tromperies qu'ils mettent journellement en usage. Je me bornerai à recommander à l'acheteur de faire visiter le cheval qu'il aura l'intention d'acheter, par un professeur d'équitation, un artiste vétérinaire ou tout autre homme de cheval capable de distinguer ses défauts, sinon de l'examiner lui-même seul et en silence dans l'écurie, afin de voir s'il se soulage tantôt sur un pied, tantôt sur un autre , ce qui annonce des jambes fatiguées; de le faire sortir ensuite , et porter l'attention la plus scrupuleuse sur ses yeux ; de reconnaître son âge ; de lui manier la ganache pour savoir s'il n'a point de glandes ; de visiter ses naseaux pour s'assurer qu'il n'est point chancré , indice de morve ; de parcourir avec la main le garrot, les épaules, les jambes , les jarrets , pour découvrir les blessures , les tumeurs , et les autres maux qu'il serait trop long de détailler ici , et dont ces diverses parties peuvent être atteintes ; de considérer le flanc , pour juger s'il n'est point altéré ; de lever les pieds , et, après avoir frappé sur les fers pour apprendre s'il est aisé à ferrer, de jeter les yeux dessus, dessous et dedans ; de le faire trotter à la main , pour acquérir la certitude qu'il ne boite pas; enfin , de l'essayer soi-même , monté dessus, à toutes les allures , et surtout long-tems au pas , sans le soutenir , car c'est la meilleure manière de s'assurer d'un bon ou

C

d'un mauvais pied ; de l'éloigner peu-à-peu du lieu où le marchand le met en montre, de le calmer s'il témoigne de l'ardeur, de ne rien lui demander d'abord, mais de le renfermer ensuite et de l'attaquer par degrés pour voir s'il demeure placé, s'il aura de la franchise, de l'appui et s'il est libre à toutes mains. De telles épreuves mettent à même de porter un jugement d'autant plus certain sur l'animal que tous ses mouvemens sont un indice non équivoque de sa nature. Les vices du cheval, qui annullent la vente, sont restreints à la *pousse*, la *morve* et la *courbature*, et les délais sont ordinairement de huit jours.

Les qualités que l'on doit rechercher dans un cheval sont la force, la légèreté, le courage et un tempéramment qui n'ait rien de trop ardent ou de trop tardif. Si à ces qualités se joignent les

justes proportions et l'exemption
des vices principaux dont ses
membres peuvent être atteints ,
il se trouvera naturellement uni
dans toutes ses actions, la tête
en sera ferme et assurée , le devant
léger, les hanches affermies , les
allures franches , sûres , nullement
pénibles et toujours accompagnées
de tout ce qui constitue la grâce ;
dans les mouvemens hauts et relevés, on verra sans cesse la
correspondance merveilleuse de
ses parties entr'elles et avec le
tout; ses sauts , qui ne seront pas
désordonnés , seront constamment
le produit de la force et de la
gaîté : il les effectuera toujours
en avant et librement. Livré à
un homme de cheval , son obéissance sera prompte et entière ; et ,
s'il parait refuser à ce qu'il lui
demandera , ce ne sera qu'en
voulant prévenir sa volonté , et
en se reportant aux premières
leçons qu'il en aura reçues.

Je ne parlerai point des jumens poulinières, de la monte, de l'éducation des poulains et des jeunes chevaux, ce serait trop agrandir un cadre que je veux au contraire resserrer, je me bornerai au cheval de selle formé.

De l'Écurie.

L'écurie, qui doit être dans un lieu exempt d'humidité, sera tenue avec la plus grande propreté. On n'y laissera point de toiles d'araignées, ces insectes pouvant se mêler dans le foin et dégoûter le cheval. Elle sera meublée d'une mangeoire et d'un râtelier, et, en outre, si elle doit contenir plusieurs chevaux, de barres soutenues à des poteaux, ou de cloisons de séparation ; chaque place offrira de sept à huit pieds de longueur sur quatre à cinq de largeur. Elle sera pavée de telle façon que l'avant train du cheval soit plus élevé que l'arrière, avec un ruisseau pour écouler les eaux et les urines.

Les autres meubles seront une lanterne et un coffre à avoine, avec une séparation pour le son. On ménagera dans l'écurie un espace qu'on renfermera, ou bien l'on aura une chambre contiguë, pour LA SELLERIE, afin d'y suspendre, à l'abri de la poussière du foin, les selles, les brides, les couvertures, les caveçons, les éperons, etc., etc.

L'étrille, la brosse, le peigne, l'éponge, l'époussette ou morceau de serge, la paire de ciseaux, seront renfermés dans un petit sac qu'on appelle musette.

Un seau, un balai, une pelle et une fourche en bois, une fourche de fer, un broc, une mesure à avoine, une vannette ou un crible, une brouette ou une civière seront les autres ustensiles nécessaires.

Conduite journalière.

Voici la conduite journalière qui me parait être la meilleure pour entretenir un cheval de selle en bon état.

A 5 heures du matin relever la litière, porter dehors le crotin et la litière pourrie, et pousser la litière encore bonne sous la mangeoire (j'ai souvent fait sécher au soleil la litière un peu humide, usage des orientaux, et j'y ai trouvé non-seulement de l'économie, mais encore le moyen de faire un excellent lit à mes chevaux); balayer l'écurie et jeter quelques poignées de foin dans le râtelier; arranger le tas de fumier formé du crottin et de la litière mise au rebut; sortir le cheval avec son bridon d'a-breuvoir et l'attacher à la boucle destinée à cet effet, afin de le panser dehors, ce qui est plus sain et plus propre; prendre, de la main droite, l'étrille qui ira toujours à rebrousse poil, et commencer à étriller par la croupe, en allant tout le long du corps, toujours à grands coups, étendant et déployant bien le bras, sans appuyer rudement, mais au contraire, avec légèreté, et finir aux oreilles, en ayant l'attention de ne point passer sur l'arrête du dos et sur les canons des jambes, frappant de tems en tems l'étrille sur une pierre, pour en faire sortir la poussière; donner légèrement des coups de l'époussette, en la tenant par un bout, sur tout le corps du cheval, afin d'ôter le reste de la poussière que l'étrille n'aura pu enlever; puis, nettoyer, avec la même époussette, les oreilles et tous les endroits que l'étrille n'aura pu atteindre; chausser la brosse dans une main, tenant l'étrille dans l'autre, pour brosser la tête dans tous les sens; continuer de brosser tout le corps, en frottant la brosse sur l'étrille à chaque coup, pour en ôter la crasse, finissant chaque place dans le sens du poil, n'épargnant aucune partie du corps ; faire un bouchon de paille tortillée, gros comme le bras, l'humecter un peu, le passer et le repasser sur tout le corps, terminant toujours dans le sens du poil, et frotter surtout les jambes, ce qui contribuera à les maintenir saines ; essuyer toutes les parties du cheval avec l'époussette ; approcher de soi un seau d'eau, et, avec le peigne, démêler tout doucement la crinière et le toupet, dans la crainte d'arracher des crins ; si le cheval a sa queue, l'empoigner à un pied de terre, pour la peigner et la démêler, en montant insensiblement jusqu'à la croupe ; humecter l'éponge, et recommencer par peigner les crins et la queue, en commençant par la racine, passant l'éponge par-dessus chaque coup de peigne, pour unir les crins, terminer en les essuyant avec une époussette de toile ; si la queue est sale, la plonger dans un seau d'eau, qu'on élèvera jusqu'au tronçon de la queue, et la frotter depuis le haut jusqu'en bas ; laver les jambes de devant et celles de derrière, en appuyant et en pressant l'éponge contre le jarret ; se servir même d'une brosse longue, qu'on trempera dans le seau pour frotter ces parties, afin d'en extraire toute la crasse, puis essuyer les jambes avec les deux mains ; ne point oublier de laver les fesses, le fondement, avec de l'eau fraîche, et surtout le fourreau, en insinuant une éponge mouillée, autant qu'il est possible, dans cette partie, garnie, pour l'ordinaire, d'une humeur très-fétide, aussi épaisse et presque aussi noire que du cambouis, et qui souvent est en si grande quantité, que l'animal a de la peine à uriner. Les Arabes lavent les jambes, les crins et la queue ; mais ils ne les peignent que très-rarement, pour ne pas rompre le poil ; et on sait quels soins ils prodiguent à ces belliqueux quadrupèdes, si renommés par leur infatigable vîtesse, leur rapide intelligence, leur indomptable courage et leur admirable attachement à leurs maîtres, qui voient en eux leurs plus chers compagnons et dont Vernet nous donne des dessins si parfaits. Reconnaissons par les mêmes soins les services que nous rendent ces nobles animaux qui tiennent le premier rang parmi ceux que l'homme a soumis. Chez un peuple brave et qui a porté si loin la gloire des armes, quel cas ne doit-on pas faire de ces coursiers si généreux, si remplis d'ardeur et si sensibles à la gloire, instrumens et compagnons des triomphes de nos guerriers et qui semblent disputer d'adresse avec le cavalier qu'ils sont fiers de porter, quand une éducation habile a développé leur intelligence,

L'exactitude du pansement de la main ne se borne pas à procurer aux yeux la simple satisfaction de voir des chevaux propres, nets et luisans, elle importe véritablement à leur conservation et à leur existence : elle maintient la peau dans une souplesse nécessaire, elle unit le poil et le vivifie pour ainsi dire ; elle dégage les humeurs vitales d'une infinité de superfluités nuisibles. Elle les entretient dans une proportion et une température qui constituent la santé.

Le pansement fini, si le cheval a besoin qu'on lui fasse les crins ou la queue, pour égaliser cette dernière, il suffira de l'empoigner du tronçon et de faire couler la main d'à-plomb, jusqu'à un demi-pied de terre, de serrer alors tout le crin dans la main et de le couper droit. Pour lui faire le poil des oreilles, on l'attachera la tête basse, on coupera le poil

à petits coups et le plus ras possible,
en formant une bordure bien égale
en dedans et en dehors. On élaguera
le crin du toupet et de la crinière
en l'arrachant par petites parties
avec le peigne. Si le cheval a des
poils autour des lèvres, on les
lui coupera très-près ; s'il a la
ganache trop garnie, on prendra
un brandon de paille ou une
chandelle allumée qu'on passera
légèrement sous la ganache, après
lui avoir couvert les yeux, allant
et venant sans s'arrêter, jusqu'à
ce que les grands poils soient
brûlés. Le poil des jambes se fera
avec des ciseaux, seulement sur
le derrière de la jambe, en l'é-
tageant, comme un perruquier
qui coupe les cheveux, de manière
qu'il ne paraisse pas qu'on en
ait ôté, et on terminera près
du sabot, en coupant droit et
avec attention le poil qui le recou-
vrira, et qui doit rester peu épais.

Trois ou quatre fois par semaine

on graissera le sabot, autour de la couronne, avec de l'onguent de pied, composé de miel, de graisse blanche en quantité égale, mêlés à froid, et auxquels on ajoutera de l'huile d'olive. On pourra y joindre de la cendre de paille brûlée, pour rendre cet onguent noir, afin de donner une couleur satisfaisante à la corne. Le cambouis seul est encore meilleur que cette recette pour l'onguent de pied, qui maintient la corne dans un bon état.

Toutes ces opérations finies, couvrir le cheval de sa couverture, et le rentrer à l'écurie, où le bridon d'abreuvoir sera remplacé par un licol à deux longes de cuir ou de corde, passées dans des anneaux, attachées des deux côtés à la mangeoire, les bouts noués à des boules de bois percées, les longes devant tomber de leur propre poids. Cependant, le jour il est bon d'attacher une

D

des deux longes au râtelier, pour empêcher le cheval de manger sa litière, ce qui l'échaufferait. On ne quittera pas l'écurie sans jeter dans le râtelier la quantité de foin destinée au déjeûner.

A huit heures, mener le cheval à l'abreuvoir, en évitant les eaux vives ; ou le faire boire à l'écurie, en lui présentant un seau d'eau dont on ôtera la crudité avec du son, ou enfin, le sortir de l'écurie pour le faire boire au baquet ou au timbre ; nettoyer la mangeoire et y jeter une portion d'avoine bien vanée, et le laisser manger tranquillement.

A une heure, jeter dans le râtelier le foin du dîner, et donner au cheval sa portion d'avoine, si on lui en donne trois portions par jour ; mais deux me semblent suffisantes. Les Allemands mêlent de la paille hachée avec l'avoine, ce qui rend celle-ci moins échauf- fante, en ayant la précaution de mouiller légèrement le tout, pour empêcher que le cheval n'en perde la plus grande partie par son souffle. Cette nourriture donne aux chevaux de la vigueur, de l'haleine et de la légèreté. C'est aussi avec de la paille hachée que les peuples d'Orient nourrissent leurs chevaux pendant la journée ; ils ne les font boire qu'une fois par jour, vers midi ; et, le soir, ils leur donnent cinq ou six livres d'orge.

A six heures, faire boire de nouveau le cheval. S'il est abreuvé trois fois en été, la seconde doit être fixée à une heure.

A sept heures, donner la seconde ou troisième portion d'avoine.

A neuf heures, jeter de la paille dans le râtelier pour la nuit ; ôter la couverture ; faire la litière en retirant la paille de dessous la mangeoire, l'étendant jusqu'aux pieds de derrière du cheval, et terminant en dispersant de la nouvelle paille **sur** la litière. Si une des longes a été attachée au râtelier, on la détachera et on la repassera dans l'anneau de la mangeoire, pour laisser au cheval la liberté de se coucher.

Malgré tout ce que je viens de dire, d'après ma propre expérience et après avoir consulté les ouvrages sur cette matière, ne craignant point d'assurer que de ce régime dépend la santé du cheval, j'ajouterai que mille circonstances imprévues peuvent faire varier les heures du pansement. Par exemple, si un cheval doit faire une route ou une promenade avant une des heures déterminées, il sera à-propos que le pansement soit fait avant sa sortie de l'écurie. Lorsqu'il arrive de promenade ou de route, il est bon, après lui avoir examiné les pieds et l'avoir dessellé, de lui frotter le corps avec deux poignées de paille, dont l'une va à rebrousse poil, et l'autre unit le poil ; de lui laver les pieds et les jambes jusqu'au genou seulement , les essuyant ensuite avec les deux mains ; de lui nettoyer les naseaux qui se trouvent chargés de poussière , avec une éponge trempée dans de l'eau très-propre ; puis , de lui étendre de la paille sur le dos, et de le recouvrir avec sa couverture. Si on ne le desselle pas , on lâche les sangles , et on met de la paille fraîche sous la selle pour sécher la sueur. Lorsque les Arabes viennent de faire une course, ils promènent leurs chevaux au petit pas pendant quelque tems, ils les laissent ensuite une heure sans manger. Cette utile et sage précaution est d'un usage général en Orient. Parmi quelques tribus errantes de l'Arabie , on attache tant de prix à ces précieux et in-fatigables animaux , que les femmes sont chargées du soin des chevaux.

Huit à dix livres de foin, huit

à dix livres de paille, deux
trois picotins d'avoine et un picoti
de son, doivent suffire à la con
sommation ordinaire d'un cheva
de selle ; mais on peut augmente
ou diminuer, selon le travail
l'appétit ou le plus ou le moins d
graisse du cheval. C'est une très
bonne habitude que de lui donne
le foin mêlé avec la paille.

Je conseille, à moins de ca
pressés, de ne jamais monter l
cheval le jour de la ferrure, pou
laisser au fer le tems de s'asseoir
cette opération d'ailleurs le fatigu
et le gêne assez pour le fair
boiter le même jour, si on n
lui laisse pas reprendre de repos
On exigera du maréchal les fer
les plus légers ; car les fers pesan
foulent non-seulement les nerfs
mais ils sont encore sujets à s
détacher, lorsqu'ils se heurten
à la moindre pierre.

Harnachement.

La bride et **la selle** composen
l'harnachement du cheval. Le

parties de la bride sont la têtière ou dessus de la tête ; le frontail, la sous-gorge et la muserolle qu'il suffit de nommer pour bien désigner leur place ; les montans qui, suspendus par des boucles à la têtière, soutiennent le mors auquel ils sont tenus aussi par des boucles ; les rênes qui, attachées également au mors, servent à diriger le cheval ; et enfin le mors, qui se compose lui-même de l'embouchure, des branches, de la gourmette et de la chaînette. On y joint un bridon, petit mors brisé fort léger, dont la monture consiste en une longue rêne attachée à ses deux anneaux, un frontail et deux montans.

Les principales parties de la selle à la française sont l'arçon ou charpente de la selle, les paneaux qui garantissent le cheval du bois de l'arçon, les quartiers qui couvrent les boucles des sangles, le siége où s'assied le cavalier, les battes formées de cuir rembourré au-devant de la selle, le troussequin de cuir rembourré sur le derrière de la selle, les sangles qui affermissent la selle sur le dos du cheval, la croupière qui sert à empêcher la selle d'aller en avant, et le poitrail qui l'empêche d'aller en arrière, la martingale qui s'attache à la sangle pour passer dans le poitrail et aller rejoindre la muserolle, les étrivières qui servent à supporter les étriers, les étriers qui supportent le pied du cavalier, les fontes qui reçoivent les pistolets, la housse qui garantit l'habit de la sueur du cheval, le coussinet sur lequel on place le portemanteau. Les selles à l'anglaise ont leurs parties désignées à-peu-près par les mêmes termes, seulement le devant de la selle s'appelle pommeau, ainsi que dans les selles à la hussarde, dont le derrière est appelé palette, et qui a de plus le surfaix, la courroie de guindage, la fausse martingale et la schabraque.

On selle le cheval avant de le brider. Les étriers, les sangles, la housse et la croupière étant relevés sur le siége, prendre la selle de la main gauche à l'arcade de l'arçon, contenant la croupière de la même main, et la main droite placée sur le troussequin ; la poser doucement sur le dos du cheval, en l'amenant du côté de la croupe, pour ne point l'effrayer, ayant l'attention de ne laisser aucun contre-sanglon sous la selle ; passer derrière le cheval, pour prendre la queue, dont on tortille le crin autour du tronçon, la tenant de la main gauche ; prendre la croupière de la main droite, y passer la queue, ayant l'attention de dégager les crins qui pourraient blesser le cheval, revenir sur le côté gauche du cheval; soulever la selle, la porter en avant, et sangler la seconde sangle moins serrée que la première, parce que c'est celle qui contraint le plus la respiration de l'animal ; enfin, boucler le poitrail. Pour que le cheval soit bien sellé, la selle doit être placée sur le milieu du dos ; trop en arrière, elle le blesserait sur le rognon ; trop en avant, elle gênerait le mouvement des épaules : le haut de l'arcade doit surtout ne point porter sur le garrot.

Pour brider, se placer du côté du montoir, c'est-à-dire à gauche, tenant la bride sur le pli du bras gauche ; défaire le licol ; prendre la bride et le filet ensemble, par le dessus de tête, avec la main droite, les rênes restant sur le pli du bras droit ; saisir avec la main gauche le mors du filet et celui de la bride par-dessus la bossette ; les placer ensemble dans la bouche du cheval, la lui faisant ouvrir en lui appuyant le pouce sur la barre gauche ; faire passer les oreilles entre le frontail et le dessus de tête, en commençant par l'oreille droite ; boucler la muserolle et la sous-gorge ; dégager les crins du toupet, et accrocher la gourmette, en la saisissant avec le pouce et le premier doigt de la main droite, prenant le crochet avec la main gauche qui repoussera la branche en avant pour avoir plus de facilité à accrocher la gourmette.

Pour sortir le Cheval de l'écurie, saisir les rênes, avec la main droite, à six pouces de la bouche du cheval, tenant l'extrémité des rênes dans la main gauche.

Pour débrider, commencer par décrocher la gourmette, déboucler la muserolle et la sous-gorge, avancer les rênes de la bride et du filet sur le dessus de tête, le passer par-dessus les oreilles, et entrer le bras gauche dans la bride, pour avoir la facilité de mettre le licol, tenu tout prêt avant de débrider ; placer ensuite les rênes du filet sous le dessus de

tête, et les rênes de la bride dessus,
puis suspendre le tout à un crochet,
après avoir lavé le mors ; car,
lorsqu'on y laisse croupir la salive
en écume, elle contracte une féti-
dité qui donne à l'animal le plus
grand dégoût.

Pour desseiler, relever les étriers
sur la selle, ainsi que le poitrail
et les sangles, après les avoir
débouclés ; repousser la selle en
arrière, dégager la queue de la
croupière qu'on relèvera aussi sur
la selle, et qu'on prend avec elle,
de même qu'on a fait pour la
mettre sur le dos du cheval ; soulever la selle, la tirer à soi, et
l'emporter en passant le bras gauche
le long des longes des paneaux.

Un cavalier devra avoir sa *sellerie*
garnie d'un licol d'écurie, d'un
licol de parade, d'un bridon d'a-
breuvoir, d'une bride avec son
filet, d'une selle avec sa housse
ou sa schabraque et son surfaix,
ses fontes, son coussinet et ses

courroies, d'un porte-manteau ; d'une couverture en laine pour l'hiver, et d'une autre en toile pour l'été.

DU CAVALIER.

Aimer les chevaux, avoir de la hardiesse et de la patience ; voilà ce qu'on exige d'un cavalier. Il aura pour principes que ce n'est presque jamais la faute d'un cheval quand il n'obéit pas à ce qu'on lui demande, mais le plus souvent la faute de l'homme. Qu'il n'oublie jamais qu'avec de la familiarité et des caresses on obtient beaucoup plus des chevaux que par la force et les châtimens, et que, surtout pour ce qu'on exige d'eux, n'étant pas montés, on réussit plus en excitant leur friandise qu'en les frappant. Ils oublient plus facilement la leçon qui leur a été donnée avec la chambrière, que l'exercice qu'on leur a enseigné avec un morceau de pain ou de sucre ; mais c'est principalement en étudiant le caractère du cheval , qu'on obtient de lui la docilité la plus complète, et que l'on peut faire exécuter à un coursier livré à lui-même tout ce que l'on exigerait du cheval le mieux dressé et monté par l'écuyer le plus habile.

Se préparer à monter à cheval.

Pour se préparer à monter à cheval, on se place devant la tête de son cheval, on saisit l'extrémité des rênes de la main droite, et on les passe sur le cou du cheval, en engageant l'oreille droite la première. Tout ceci est ordinairement l'affaire du garçon d'écurie ou ne regarde plus spécialement que l'équitation militaire.

MONTER A CHEVAL.

Le cavalier s'étant placé vis-à-vis l'épaule gauche de son cheval, élève les rênes de la bride, dont il tient le bout de la main droite , de toute la longueur du bras ;

il les prend, au-dessous de la main droite, avec la main gauche qu'il fait couler jusque sur le cou du cheval, le petit doigt passé entre les deux rênes; il saisit une poignée de crins à environ cinq pouces du garrot avec les quatre autres doigts, ne tenant les rênes ni trop courtes ni trop longues, la main devant seulement sentir légèrement la bouche du cheval; il abat le bout des rênes de la main droite et du côté droit; il prend l'étrier gauche, en suivant l'étrivière, avec cette même main, pour la mettre sur son plat; il chausse le pied gauche dans l'étrier, au tiers à-peu-près, le genou appuyé contre le quartier de la selle, et il place la main droite sur le troussequin; il s'enlève de la jambe droite, en appuyant le pied gauche sur l'étrier et la main droite sur le troussequin, sans tirer la selle à soi, mais en se tenant droit; il passe la jambe droite tendue par-dessus la croupe du cheval, sans la toucher, et se met légèrement en selle, en même - tems que la main droite quitte le troussequin pour venir se poser sur la batte droite les quatre doigts en dedans, le pouce en dehors, et il place le pied droit dans son étrier. La main gauche lâche les crins, et, sans quitter les rênes, se placé à deux pouces au-dessus du pommeau de la selle, éloignée de cinq à six pouces du corps, le petit doigt placé entre les deux rênes, et le pouce fermé sur la seconde jointure du premier doigt, pour les contenir égales ; le poignet doit être alors à la hauteur de l'avant-bras, les doigts en face du corps, le petit doigt plus près du corps que le haut du poignet, arrondi ainsi pour sentir un effet égal des deux rênes. Le cavalier AJUSTE SES RÊNES , en les saisissant au-dessus et près du pouce gauche, avec le pouce et le premier doigt de la main droite qu'il élève perpendiculairement jusqu'au bout des rênes, les derniers doigts ouverts, les ongles en avant, le coude à six pouces plus bas que la main, entr'ouvrant les doigts de la main gauche, le pouce élevé, afin de pouvoir égaliser les rênes ; il ferme ensuite la main gauche, et abat les rênes sur le côté droit, avec la main droite qu'il appuie sans prétention, le poignet fermé, sur la cuisse ou qu'il laisse négligemment tomber sur le côté, ou bien encore il s'en sert pour tenir le *bridon* ou *filet* par le milieu avec les quatre doigts, les ongles en dessous, le soutenant par-dessus les rênes de la bride.

Toutes ces positions sont décrites pour un cavalier montant à cheval sans cravache ; mais, s'il se servait d'une cravache, en se préparant à monter à cheval, il la tiendrait dans la main gauche ; et, étant monté, il la prendrait dans la main droite, la pointe en l'air, dans le repos du cheval; et tombant près de l'épaule droite du cheval, sans y toucher, dans la marche.

POSITION A CHEVAL.

La position du cavalier est celle-ci : la tête haute, aisée, d'aplomb, dégagée des épaules ; celles-ci tombantes et bien effacées ; la poitrine saillante; les bras libres, les coudes tombant naturellement ; les deux fesses portant également sur l'assiette de la selle, la ceinture en avant, les reins droits, fermes et bien soutenus ; le haut du corps aisé, libre et droit, de manière qu'il soit maintenu dans sa position par son propre poids; les jambes placées sur la ligne du corps, tombant naturellement sur une même ligne droite du genou au talon, l'étrier ne portant que le poids de la jambe, le pied chaussé jusqu'au tiers, le talon plus bas que la pointe du pied.

Pour que les étriers soient au point convenable, il faut, lorsque le cavalier se lève dessus, qu'il y ait trois à quatre pouces de distance entre l'enfourchure et la selle.

METTRE PIED A TERRE.

Pour mettre pied à terre, le cavalier saisit, avec la main gauche, sans quitter les rênes, une poignée de crins ; la main droite vient se placer sur la batte droite de la selle française, ou à la place de la batte sur toute autre selle, les ongles en dedans ; il s'enlève de la jambe droite, s'appuyant sur l'étrier gauche, et, en même-tems que la main droite se place sur le troussequin, il passe la jambe droite par-dessus la croupe du cheval, sans la toucher, se tenant droit, les jarrets tendus et les talons joints ; il arrive à terre du pied droit. Il rapporte le pied gauche à côté du droit, relève les étriers sur la selle ; il prend le bout des rênes avec la main droite qu'il pose sur le pommeau de la selle, et la main gauche les saisit en même-tems à six pouces de la bouche du cheval ; il les passe par-dessus la tête du cheval ; dégageant l'oreille droite la première, et les laisse tomber sur le bras gauche ; la main gauche quitte sa position pour se réunir à la main droite, afin de détacher la gourmette et de resserrer la muse-rolle ; il saisit de la main droite les rênes à six pouces de la bouche du cheval, les ongles en dessus ; il rapproche la main gauche de la main droite, la passe entre les rênes pour la dégager, et la laisse couler jusqu'à leur extrémité qu'il tient à poignée ; puis, il conduit ainsi son cheval à l'écurie, en tenant la main haute pour l'empêcher de ruer. Le cavalier débride et desselle son cheval comme je l'ai déjà dit, en se mettant toujours du côté du montoir. On appelle côté gauche du cheval le *montoir*, parce que c'est de ce côté qu'on monte à cheval. Ainsi, les jambes du montoir sont les gauches, et celles hors montoir sont les droites.

Monter en couverte et avec le filet.

Lorsqu'on commence à monter à cheval, il est bon de monter le cheval à poil ou en couverte, avec un simple bridon, et de ne se servir de la selle et de la bride qu'après avoir acquis de la solidité. Après avoir mis à exécution les préceptes que je viens de donner pour la position avant de monter à cheval, la main gauche prendra aussi la poignée de crins, mais la main droite s'appuiera sur le garrot, l'avant-bras droit sur le dos du cheval, et le cavalier s'enlèvera légèrement sur les deux poignets, le corps droit, jusqu'à ce que sa ceinture soit à la hauteur du garrot du cheval ; il passera la jambe droite tendue par-dessus la croupe, et se placera doucement en selle. il prendra la position de l'homme à cheval telle que je l'ai décrite ; mais n'ayant point d'étriers pour appuis, il laissera naturellement tomber la pointe des pieds, les cuisses embrassant également le cheval. Il prendra une rêne du bridon dans chaque main, les doigts fermés, le pouce allongé sur chaque rêne, les poignets à la hauteur de l'avant-bras, soutenus et séparés à six pouces l'un de l'autre, les doigts se faisant face. Les principes pour diriger le cheval seront toujours les mêmes que pour le cheval sellé et bridé à de très-faibles exceptions. Par exceptions. Par exemple, pour tourner et appuyer à droite et à gauche, il ouvrira la rêne droite ou la rêne gauche ; pour sauter à terre, après avoir croisé les rênes dans la main gauche et pris la poignée de crins , il placera la main droite sur le garrot , s'enlèvera sur les deux poignets , passera la jambe droite tendue par-dessus la croupe du cheval , et sautera légèrement à terre , sur la pointe des pieds , en pliant un peu les genoux.

PREMIERS PRINCIPES.

J'ai donné la position de l'homme à cheval , après avoir consulté avec soin les divers auteurs qui ont décrit cette position , parce que c'est la première qualité à exiger dans un cavalier , et que même , aux yeux du public , elle tient lieu de toutes les autres. Je vais maintenant essayer de tracer brièvement les principes qui , mis en pratique , peuvent seuls faire un homme de cheval.

Tenant la bride et le bridon comme je l'ai dit plus haut, le cavalier devra se graver dans la mémoire que, dans les mouvemens de la main, le bras doit agir librement, sans que l'épaule se roidisse et sans communiquer sa force au corps, qui sera sans roideur, cependant aussi sans laisser aller, et constamment d'àplomb ; il aura les rênes courtes et les doigts bien fermés ; mais il ne tiendra jamais la bride et le bridon tendus en même-tems, s'il veut conserver la sensibilité de la bouche de son cheval, qu'il ne doit mener par saccade en aucune circonstance : une main moelleuse rendant les mouvemens du cheval plus faciles.

L'Effet des rênes est de faire sentir au cheval la volonté du cavalier, et leur action doit, par conséquent, être toujours d'accord avec celles des jambes ; car, c'est avec cet accord seul que l'on parvient à rendre le cheval souple, obéissant et agréable. En élevant un peu le poignet, on rassemble son cheval ; en l'élevant davantage , on l'arrête ; en soutenant la main à droite , on le détermine à tourner de ce côté ; c'est l'effet contraire pour la gauche ; en baissant un peu le poignet , on lui donne la liberté de se porter en avant.

Le mors, dans la bouche du cheval , a l'effet de deux léviers formés par les branches. Leur partie inférieure offre les bras de la puissance ; leur partie supérieure est le point d'appui ; la résistance est sur les barres du cheval, où porte le canon ; le centre du mouvement se trouve à l'extrémité des montans de la bride, à l'endroit où ils supportent le mors, et c'est là que viennent aboutir les bras de la résistance. On fait agir les branches au moyen des rênes bouclées aux anneaux qui sont attachés à leur extrémité inférieure. La gourmette , dont la longueur embrasse la partie extérieure de la mâchoire inférieure qu'on appelle

F

la barbe, augmente l'effet de la résistance. Lorsque le cavalier fait agir ses rênes, il attire les extrémités inférieures des branches en arrière, et, par conséquent, les points d'appui sont portés en avant, jusqu'à ce que la gourmette soit à son plus grand degré de tension ; alors, la bouche du cheval se trouve resserrée entre le canon et la gourmette, et il obéit selon qu'il est plus ou moins sensible des barres et de la barbe.

La bouche ne paraissait pas destinée par la nature à recevoir d'autres impressions que celles du goût et de l'appétit ; cependant elle est d'une si grande sensibilité dans le cheval, que c'est à la bouche, par préférence à l'œil et à l'oreille, qu'on s'adresse pour transmettre au cheval les signes de la volonté ; le moindre mouvement ou la plus petite pression du mors suffit pour avertir et déterminer l'animal, et cet organe du sentiment n'a d'autre défaut que celui de sa perfection même : sa trop grande sensibilité veut être ménagée ; car, si on en abuse, on gâte la bouche du cheval en la rendant insensible à l'impression du mors.

Un cavalier doit avoir tour-à-tour la main ferme, douce et légère. La main ferme est celle dont le sentiment a un rapport parfait avec la sensibilité qui réside dans la bouche du cheval : ce sentiment réciproque détermine le véritable appui que doit rechercher le cavalier, et peu possèdent la finesse du tact qui fait découvrir le juste degré de force convenable aux bouches des différens chevaux. La main est douce, quand elle modère à propos le point d'appui pour donner au cheval plus de liberté. Elle est légère, lorsqu'elle lui laisse une entière liberté pour le récompenser et lui rafraîchir les barres. Une saccade, une action déréglée, suffisent pour gâter une bonne bouche. On entend par bonne bouche celle d'un cheval dont la tête n'est point ébranlée par les différens mouvemens d'une main assurée, qui ne s'abandonne pas lórs de la liberté que cette même main lui accorde, et dans laquelle on trouve un appui ferme et léger. Une embouchure trop dure, une gourmette mal ordonnée peuvent égarer une bonne bouche. Les efforts d'une main irrésolue, lente ou faible conduisent aussi l'animal à dérober les barres à l'action du mors, à se déplacer, à tourner la tête de côté et d'autre, à se retenir, à s'arrêter, à battre, à tirer à la main et à la forcer. Les qualités de la main consistent donc à sentir plus ou moins, à rendre ou à retenir; mais il faut se servir de la fermeté, de la douceur ou de la légèreté, selon qu'on monte tel ou tel cheval. Le poignet seul doit diriger tous les mouvemens, et, pour qu'il agisse toujours moelleusement, il faut que les dernières jointures des doigts soient placées perpendiculairement au-dessus de l'encolure du cheval : s'il était plus ou moins arrondi, les mouvemens proviendraient de l'épaule.

Quoique l'oreille soit un sens par lequel on anime et on conduise souvent le cheval, on a restreint et laissé aux chevaux grossiers l'usage de cet organe : au manége, qui est le lieu de la plus parfaite éducation des chevaux, on ne leur parle presque point lorsqu'ils sont montés, et il ne faut pas même qu'il paraisse qu'on les conduise. En effet, lorsqu'ils sont bien dressés, la moindre pression des cuisses ou des jambes, le plus léger mouvement du corps suffisent pour les diriger, et l'éperon, comme je le dirai plus loin, est pour ainsi dire, inutile, ou du moins on ne s'en sert que pour forcer le cheval à faire des mouve-mens violens ; et lorsque, par l'ineptie du cavalier, il arrive qu'en donnant de l'éperon il retient la bride, le cheval, se trouvant excité d'un côté et retenu de l'autre, ne peut que se cabrer en faisant un bond, sans sortir de place.

On donne à la tête du cheval, par le moyen de la bride, un air avantageux et relevé : on la place comme elle doit être, et le plus petit mouvement du cavalier suffit pour faire prendre au cheval ses différentes allures. Mais la bride ne sert pas seulement à guider le cheval ; en route, tenue par une main habile, elle sert encore à lui épargner de la fatigue ; bien conduite, elle met en jeu ses différens muscles : tantôt c'est son avant-main qui peine le plus, tantôt c'est l'arrière-main ; alors, on soulage ces parties l'une par l'autre, en changeant pour l'animal le centre de gravité.

L'EFFET DES JAMBES doit toujours être d'accord avec celui de la main. Les jambes doivent se fermer par degrés, en proportionnant leur effet à la sensibilité du cheval : elles agissent pour le porter en avant, pour le soutenir et l'aider à tourner à droite et à gauche. Toutes les fois que l'on veut diriger son cheval en avant, il faut fermer les jambes, à quatre pouces derrière les sangles, en s'unissant, pour ainsi dire, au ventre du cheval, et avoir l'attention, en exécutant ce mouvement, de ne point remonter les genoux, dont le pli doit être très-liant. On replace ses jambes par degrés, comme on a dû les fermer.

Le cheval est composé de deux parties connues au manége sous les dénominations d'avant-main et d'arrière-main : la première forme la moitié antérieure du cheval, et la seconde comprend l'autre partie. La bride gouverne l'avant-main, et les jambes l'arrière-main.

LES ÉPERONS sont employés lorsque le cheval n'obéit pas aux jambes. Ils doivent être regardés non pas tant comme aides que comme châtiment. Aussi, M. de Pluvynel, sous-gouverneur de Louis XIV, disait-il au Roi, en lui donnant des leçons d'équitation: « Ie ne veux seruir des talons » qu'en toute extrémité, car si » les cheuaux n'alloient point par » autres aydes que par les coups » d'esperon, ie confesse franche- » ment que ie quitterois l'exercice » de la caualerie, n'y ayant nul » plaisir de faire manier un cheual » par la seule force. »

Les AIDES sont la main et les jambes; les CHATIMENS, les éperons et la cravache. On ne doit donc se servir des éperons que rarement et vigoureusement: alors on assure son corps, sa ceinture, ses poignets; on se lie au cheval des cuisses, des jarrets et des gras de jambes; on tourne la pointe des pieds un peu en dehors, on baisse un peu les poignets, on appuie ferme les éperons derrière les sangles, sans faire aucun mouvement du corps, et on les y laisse jusqu'à ce que le cheval ait obéi; puis on assure les poignets et on lâche les jambes. Lorsque ce châtiment est ainsi employé, en en fait un usage peu fréquent, parce que les chevaux, le craignant dès qu'ils sentent la jambe, obéissent aussitôt.

Les éperons même deviennent inutiles envers certains chevaux, tels que les chevaux *ramingues* qui se défendent de l'éperon, et les chevaux *rétifs* qu'on ne peut faire avancer lorsqu'il leur prend fantaisie de rester dans la même place. Il faut beaucoup d'attention pour saisir le moment auquel la faute est commise, quand on châtie

le cheval ; sans cela, les châtimens
seraient plus dangereux qu'utiles.

Pour se préparer à MARCHER,
le cavalier se grandit du haut
du corps, il assure ses poignets,
il tient ses jambes près, c'est ce
qu'on appelle RASSEMBLER SON
CHEVAL. Le cheval rassemblé est
souple et flexible dans l'action de
ses hanches ; il les porte en avant
et sous lui pour supporter le poids
de son corps, alléger le devant,
et servir de ressort et de point
d'appui à tous ses mouvemens.
Pour porter le cheval en avant,
le cavalier ferme les jambes plus
ou moins, proportionnellement à
la sensibilité du cheval ; il baisse
un peu la main, ce qui s'appelle
RENDRE LA MAIN : le cheval ayant
obéi, il relâche les jambes par
degrés et il assure ses poignets,
la main devant rester en repos
malgré les mouvemens du corps
du cavalier.

Etant en marche, s'il veut ralentir son allure, il élève la main par degrés, en rapprochant le petit doigt du corps, jusqu'à ce que le cheval obéisse, en réglant l'effet des jambes sur celui de la main, les tenant toujours près du cheval, c'est ce qu'on appelle former un DEMI-TEMS D'ARRÊT.

On appelle ALLURES les différens pas du cheval, qui sont le pas, le trot et le galop. Je ne parle point ici des allures défectueuses, telles que l'amble, l'entrepas et l'aubin.

Le PAS, pour être bon, doit être prompt, uni, léger, doux et sûr.

Le cavalier se prépare à arrêter son cheval en soutenant un peu le poignet et tenant les jambes près : pour l'ARRÊTER, il élève le poignet en le rapprochant du corps sans l'arrondir, les jambes étant tenues près pour empêcher le cheval de reculer.

Pour RECULER, le cavalier prépare son cheval en le rassemblant, se servant des mêmes moyens que pour arrêter, en ayant la main légère dès que le cheval a obéi, c'est-à-dire, en baissant et élevant successivement le poignet, ce qu'on appelle ARRÊTER ET RENDRE : si le cheval jette les hanches à droite, on le soutient de la jambe droite : s'il les jette à gauche, on emploie le moyen contraire ; si ce moyen ne suffit pas pour remettre le cheval droit, on porte le poignet du côté où le cheval jette les hanches, ce qui s'appelle OPPOSER LES ÉPAULES AUX HANCHES.

Pour TOURNER A DROITE, on porte un peu la main en avant, en la soutenant à droite, arrondissant le poignet, le petit doigt placé plus près de soi que le pouce, et, lorsque l'épaule du cheval est déterminée, on ferme la jambe droite, ayant toujours la main légère proportionnellement au mouvement du cheval.

Pour TOURNER A GAUCHE , on soutient la main en avant et à gauche , arrondissant le poignet les ongles tournés un peu en dessous , le pouce incliné à droite et le petit doigt du côté opposé , le coude détaché du corps et on ferme la jambe gauche.

Pour APPUYER A DROITE , on soutient la main en avant et à droite , les ongles un peu tournés en dessus , pour déterminer les épaules du cheval du côté droit ; on ferme la jambe gauche pour faire suivre les hanches , la jambe droite près pour soutenir le cheval.

Pour APPUYER A GAUCHE , on emploie les mêmes moyens , en exécutant les mouvemens contraires ayant les ongles inclinés en dessous.

Pour PASSER DU PAS AU TROT , on rassemble son cheval ; on baisse le poignet on ferme progressivement les jambes , jusqu'à ce que le cheval ait obéi ; on replace après , sans à-coup , la main et les jambes.

G

Le TROT, pour être bon, doit être ferme, prompt et également soutenu; il faut que le derrière chasse bien le devant: le cheval, dans cette allure, doit porter la tête haute et avoir les reins droits; car, si les hanches haussent et baissent alternativement à chaque tems du trot, si la croupe balance et si le cheval se berce, il trotte mal par faiblesse; s'il jette en dehors les jambes de devant, c'est un autre défaut: les jambes de devant doivent être sur la même ligne que celles de derrière, et toujours les effacer.

Pour passer DU TROT AU GRAND TROT, on baisse un peu le poignet, on ferme les jambes sans à-coup, et on les replace quand le cheval a obéi.

C'est l'assurance de la main et des jambes qui empêche les chevaux de FORGER, c'est-à-dire de frapper les fers de derrière contre ceux de devant.

On reconnaît qu'un cheval trotte bien, lorsqu'il est prêt à galoper quand on le presse un peu.

Le GALOP étant la plus difficile des allures, le cavalier doit avoir les notions suivantes, avant de le commencer. Un cheval GALOPE SUR LE PIED DROIT, lorsqu'il entame l'espace qu'il parcourt avec les deux jambes droites : les jambes gauches tombent alors les premières et sont à l'instant dépassées par les jambes droites, de sorte que les jambes droites de devant et de derrière outre-passent constamment les jambes gauches dans leur marche et dans leurs foulées : le cheval foulant trois fois le sol, à chaque pas complet du galop, la jambe gauche de derrière effectuera la première battue, la jambe droite de derrière et la jambe gauche de devant la seconde, et la jambe droite de devant la troisième. Voilà des tems marqués et qui font facilement reconnaître

que le cheval galope à droite ;
par les mouvemens opposés, il
GALOPE SUR LE PIED GAUCHE.
Il GALOPE A FAUX, lorsqu'en
tournant à droite il galope sur
le pied gauche, et lorsqu'en
tournant à gauche il galope sur
le pied droit. Il est DÉSUNI,
lorsqu'il galope à droite des pieds
de devant, et à gauche des pieds
de derrière, ou lorsqu'en galopant
à gauche des pieds de devant,
il galope à droite des pieds de
derrière.

Pour FAIRE PARTIR UN CHEVAL
SUR LE PIED DROIT, il faut le
contenir parfaitement droit, le
rassembler un peu, lui faire légèrement sentir la rêne gauche,
afin d'empêcher ses épaules de
tomber à droite ; le soutenir de
la jambe gauche d'un mouvement
doux et moëlleux, saisir le moment
où il pose la jambe gauche à
terre, et le chasser en avant,
en appuyant les deux jambes der-

rière les sangles. Pour le faire changer de pied, il suffit de lui faire sentir un demi arrêt de la rêne gauche, et de lui porter les épaules en dedans.

Pour FAIRE PARTIR UN CHEVAL SUR LE PIED GAUCHE, on emploie les moyens contraires.

Un cavalier exercé s'aperçoit facilement des divers mouvemens du galop: sa position éprouve un mouvement sensible de droite à gauche quand le cheval galope sur le pied droit, et de gauche à droite quand il galope sur le pied gauche; si son cheval est désuni, il éprouve des mouvemens irréguliers; dans ce cas, le cheval est hors de son à-plomb et perd de sa force: pour l'empêcher de se désunir, on le contient droit dans les mains et dans les jambes. Pour bien connaître les mouvemens du galop, il faut sentir les mouvemens de l'épaule, afin de juger quel pied se pose à terre, et compter ces mouvemens dans sa tête ; par exemple *un*, quand le pied gauche se pose à terre, et *deux* quand c'est le pied droit, et continuant ainsi de compter *un*, *deux*.

Il est à remarquer que, parmi ceux mêmes qui ont le plus d'habitude du cheval, peu savent le modérer, le retenir et l'arrêter au galop. Pour l'arrêter, il faut beaucoup d'attention. On y parvient en renfermant prudemment le cheval, sans altérer ni ébranler l'appui, et en jetant un peu le haut du corps en arrière, non-seulement pour accompagner cette action, mais encore pour soulager les épaules du cheval. La main et le corps doivent être également fermes au moment où le cheval pose les pieds de devant à terre, afin qu'en le relevant sur-le-champ par le mouvement naturel qui suit, on l'appuie sur ses hanches. Si, au contraire, on prend le tems lorsque les épaules du cheval sont en l'air, on court le risque d'arrêter le cheval sur ses épaules, et même sur la bouche, qu'on lui rend dure.

Si un cheval se retient en galopant, et suit cette allure sans ardeur, il est nécessaire de presser son galop et de le ralentir alternativement, en marquant un demi-arrêt, pour le reprendre ensuite au petit galop. De cette manière, on le rend obéissant à la main et aux jambes, mais en mettant beaucoup de moëlleux dans ces deux parties; autrement, on lui gâterait la bouche, qu'on ne saurait trop apporter d'attention à conserver bonne.

Pour mettre bien sous lui un cheval au galop, il faut le presser des deux jambes fort en arrière: de cette manière, on le forcera à couler ses pieds sous son ventre; puis, au même instant, en élevant légèrement la main et rendant sur-le-champ, toujours sans à-coup, on le soutiendra en l'air, et, en sentant plier les hanches, on reconnaîtra que le cheval galope assis.

Si un cheval a la bouche délicate, il sera bon de le galoper sur un terrain incliné, pour l'obliger de s'appuyer un peu sur la main; la crainte qu'il aura de s'offenser lui-même les barres l'empêchera de s'opposer à l'action du mors. Si, au contraire, un cheval pèse à la main, on le galopera sur un terrain montant.

Le galop assure une bouche faible et sensible, en faisant prendre un bon appui au cheval; il le dénoue et le rend libre dans ses membres; il donne de l'attention à celui qui, trop fougueux ou trop impatient, n'attend ni l'aide du cavalier, ni le tems de partir; il détermine celui qui se retient, et lui apprend à partir librement; il abat les forces superflues de celui qui, par caprice ou gaîté, use de sa vigueur pour se défendre.

Mais il faut savoir le mesurer au naturel, à la force et à l'inclination du cheval, car les secousses précipitées nuisent aux chevaux sensibles et impatiens, autant qu'elles sont propres à ceux qui sont lâches et paresseux.

Pour passer du galop au trot et du trot au pas, le cavalier forme un demi-tems d'arrêt, les jambes près pour empêcher le cheval de prendre une allure plus lente que celle qu'il lui demande, et il reprend sa position lorsque le cheval a obéi.

Un cavalier a les *aides fines*, quand ses mouvemens sont justes et peu apparens, et qu'il aide son cheval avec autant de grâce que d'aisance. Un cheval a les *aides fines*, quand il obéit au moindre mouvement de la main et des jambes.

SAUT DE LA BARRIÈRE ET DU FOSSÉ.

Pour sauter la barrière ou la haie, le cavalier se présente droit à la barrière, au petit trot; il enlève le cheval de la main et des jambes, et s'il trouve de la résistance, il appuie vigoureusement les deux éperons, comme je l'ai dit plus haut, à quatre pouces derrière les sangles : au moment où le cheval s'enlève, il baisse un peu la main; il la replace et la soutient à l'instant où le cheval pose à terre ; ayant soin, en suivant les mouvemens du cheval, pour éviter d'être *désarçonné*, c'est-à-dire de perdre son assiette, de se lier à son cheval des cuisses, des jarrets et des gras de jambe, proportionnellement à la sensibilité de l'animal, et de s'asseoir en portant la ceinture en avant dans le moment du saut.

Pour sauter un fossé, il faut rendre la main et presser le cheval des jambes, afin de lui donner l'aisance nécessaire pour se porter en avant, et employer ensuite les mêmes moyens que pour le saut de la barrière.

DU MANÉGE.

Le manége, lieu où l'on donne les leçons d'équitation et où l'on dresse les chevaux, est un carré long, entouré de murailles, dont la longueur est ordinairement de trois fois sa largeur, et celle-ci de trente-six pieds. A peu de distance de chaque angle, sur le grand mur, sont dessiné des n.^{os} qui servent à exécuter les mouvemens dont je vais tâcher de donner une idée, tels que *doubler* et *changer de main*, sur une ou deux pistes. On nomme PISTE la ligne sur laquelle on fait marcher le cheval. On dit MARCHER SUR DEUX PISTES, quand les épaules marchent sur une piste, et les hanches sur l'autre; mais tous les chevaux ne sont pas susceptibles d'avoir la force et la souplesse nécessaires pour travailler sur quatre lignes, surtout au galop.

DOUBLER, c'est diviser le carré long du manége en plusieurs autres carrés plus cu moins larges ou étroits, ce qu'on appelle *doubler large* et *doubler étroit*. On double large, lorsqu'on partage le manége en deux, en conservant la même piste ; on double étroit, en formant un carré dans un des quatre coins du manége. Pour prendre les coins en doublant, c'est-à-dire les angles formés par les murailles, les hanches doivent tourner sur le terrain où les épaules elles-mêmes ont tourné: le cavalier arrondit son cheval de la main et des jambes, leur accord pouvant seul assurer la parfaite exécution de ce passage. Quand on *double sur deux pistes*, on doit surtout s'exercer à bien prendre les coins, en formant, au bout de chaque ligne du carré, un quart de cercle avec les épaules du cheval, les hanches restant dans la même place et ne continuant de marcher que lorsque les épaules sont arrivées sur la ligne des hanches.

CHANGER DE MAIN, c'est quitter une piste pour en suivre une autre. On voit alors qu'on peut faire les *changemens de main* de plusieurs manières ; mais on les exécute ordinairement, marchant sur une ou sur deux pistes, en traversant le manége du *n.º* d'un angle au *n.º* de l'autre angle, toujours d'après les principes qui précèdent. On fait un *contre-changement de main* en changeant de suite deux fois ou plusieurs fois de main. Dans les cirques ou manéges ronds , on exécute les changemens de main en décrivant une S.

Je vais maintenant expliquer ce que l'on entend par *l'épaule en dedans* et *la croupe au mur.*

L'ÉPAULE EN DEDANS , qui donne de la souplesse aux épaules du cheval, qualité qui rend ses mouvemens plus agréables, consiste dans le libre passage des jambes de devant l'une par-dessus l'autre. Pour mettre un cheval l'épaule en dedans, marchant droit sur une piste, on donne à l'avant-main du cheval un mouvement qui éloigne ses épaules de deux pieds de la piste, tandis que les hanches restent sur cette piste, et on fait ainsi décrire deux lignes droites au cheval, en l'aidant de la main et de la jambe de dedans, par les moyens que j'ai indiqués pour appuyer à droite et à gauche, mais les rendant beaucoup plus doux. Cette leçon apprend au cheval à se mettre sur les hanches, à connaître et à fuir les jambes avec facilité, et au cavalier à accorder la main avec les jambes, et surtout à donner du moelleux à la première.

LA CROUPE AU MUR consiste à faire marcher un cheval de côté, la croupe suivant une piste et les épaules une autre. On doit, dans cet exercice, faire marcher les épaules avant les hanches, de manière que le cheval ne soit pas tout-à-fait de côté, la position du pied de dedans de derrière devant être sur la ligne du pied de dehors de devant, c'est-à-dire la moitié des épaules marchant avant la croupe. Entre *l'épaule en dedans* et *la croupe au mur*, il y a cette différence, que, dans la première, le cheval ne fait que croiser les jambes en les étendant ; tandis que, dans la seconde, étant plus raccourci et tenu plus ensemble, il est obligé de chevaler plus circulairement. *Chevaler* se dit d'un cheval allant de côté, en croisant les jambes de devant ou de derrière l'une par-dessus l'autre.

AIRS DE MANÉGE.

Les airs de manége sont *le Piaffer, le Passage, la Galopade, les Voltes, les Demi-Voltes, les Passades, les Pirouettes, les Terre-à-Terre.*

PIAFFER est l'action du trot dans la même place. Cet air s'apprend, au cheval, ainsi que les *airs relevés*, dans *les piliers*, morceaux de bois plantés à une des extrémités du manége, à une certaine distance de la muraille ; on attache égales aux deux piliers les deux cordes du caveçon, espèce de licol fait d'un gros cuir fort large, de façon que les piliers soient vis-à-vis les épaules du cheval ; puis, après l'avoir fait ranger à droite et à gauche, en le frappant légèrement sur les fesses, avec la chambrière, espèce de long fouet, on le chasse en avant pour le faire donner dans les cordes ; on l'anime de la langue et on lui fait peur de la chambrière pour le faire trotter en place ou piaffer, droit et dans le milieu. Pour l'arrêter, on l'avertit de la voix, en l'accoutumant au terme de *Holà*, fort en usage parmi les hommes de cheval, lorsqu'ils dressent les chevaux non montés.

Pour faire *piaffer* un cheval

monté, le cavalier devra le contenir dans son mouvement par l'accord des aides, le rassemblant sans force, et le maintenant dans la même place par de fréquens demi-tems d'arrêt, la main extrêmement légère. Ce mouvement est très-difficile, et il est mieux de lui préférer le passage, qui ne fatigue pas autant le cheval.

Le PASSAGE est un mouvement de trot raccourci, soutenu, relevé du devant, avancé et continué d'une mesure égale, ni trop prompte, ni trop lente. L'action du cheval monté est la même qu'au piaffer. Dans le passage de deux pistes, le cheval doit faire autant de mouvemens des pieds de derrière que de ceux de devant. Pour lui faire prendre les coins dans cette position, il faut que le cavalier sente quel pied pose à terre et quel pied est en l'air ; il tourne alors la main de la bride dans le tems que le pied de devant de dedans est en l'air et prêt à retomber, afin qu'en levant immédiatement après l'autre pied de devant, il soit contraint d'avancer l'épaule et de chevaler le bras de dehors par celui de dedans.

La manière la plus agréable de passager un cheval, surtout hors du manége, est de le tenir droit d'épaules et de hanches, avec un demi-pli seulement des épaules en dedans de la piste, pour lui donner plus de grâce dans le devant.

Dans le passage, comme dans le piaffer, le cavalier doit, en le contenant dans son mouvement par l'accord des aides, le rassembler sans force, et le maintenir dans la même allure par de fréquens demi-tems d'arrêt ; et conserver le plus de moelleux qu'il pourra dans la main, en lui rafraîchissant la bouche avec le filet.

La GALOPADE est un galop raccourci qu'on exécute avec les mêmes principes que j'ai donnés pour le galop, mais dans lequel on maintient le cheval par de fréquens demi-tems d'arrêt, qui l'empêchent de s'appuyer sur le mors et lui laissent la bouche fraîche et légère, ce qu'on ne saurait trop recommander aux personnes qui montent à cheval. On fait, avec la galopade, des doublers et des changemens de main ; on l'exécute sur une ou sur deux pistes.

La VOLTE est un terrain supposé rond ou carré, par le cavalier, dans un manége, qu'il y choisit à volonté, qu'il parcourt sur une ou deux pistes, et qu'il exécute par la réunion des moyens que j'ai décrits jusqu'ici et qu'il serait superflu de répéter. Je recommanderai seulement encore au cavalier, avec l'accord des mains et des jambes, de bien soutenir son cheval en dedans de la piste à parcourir. La volte sur deux pistes est composée de deux carrés ou de deux

ronds, ou plutôt de deux carrés
dont les angles sont arrondis : le
cheval marche sur deux lignes
parallèles ; ses épaules, qui doivent
toujours marcher les premières,
décrivent le plus grand carré ou
le plus grand rond, et ses hanches
le plus petit. Dans la *volte renversée*,
c'est le contraire. On appelle *volte
redoublée* plusieurs voltes de suite.
On dit couper la volte quand,
en faisant des voltes, on change
de main. On exécute les voltes
à toutes les allures. Dans la DEMI-
VOLTE, on parcourt la moitié
du terrain de la volte. Les changemens de main et les voltes empêchent le cheval d'aller par rou-
tine ; ils lui donnent cette attention,
cette obéissance et cette souplesse
qui constituent le cheval parfait.

La PASSADE consiste à passer
et à repasser plusieurs fois sur
une même longueur de terrain
d'environ cinq longueurs de cheval,
sur deux pistes, en faisant, à

chaque extrémité, une demi-volte plus étroite de moitié que la demi-volte ordinaire ; on fait la passade ordinaire au pas, au trot, mais mieux au galop raccourci. La *passade furieuse* est celle dans laquelle, étant au galop, on marque trois tems d'arrêt légèrement sentis, sur la ligne droite que l'on percourt, au milieu et à chaque extrémité, avant d'exécuter les demi-voltes et en les terminant. Cet exercice est la plus grande preuve qu'un cheval puisse donner de sa patience et de son obéissance. Tenu d'abord immobile et droit, il doit partir de la main sans aucun désordre, s'arrêter juste sur les hanches à la demande de son cavalier, et, devinant pour ainsi dire sa volonté, de la même cadence que l'arrêt, étant bien tenu dans les mains et dans les jambes, reprendre son mouvement vif et furieux pour exécuter la demi-volte ; quoiqu'animé de la course, reprendre son arrêt en achevant la demi-volte, se reporter au milieu de la ligne que le cavalier s'est tracée, y marquer un nouvel arrêt, puis exécuter la seconde volte, y marquant les mêmes tems qu'à la première, et répéter cet exercice plusieurs fois.

La PIROUETTE est une volte dans la longueur du cheval. La jambe de derrière de dedans tourne dans une place sans se lever, et sert comme d'un pivot autour duquel tournent les trois autres jambes et tout le corps ; les hanches restent dans le centre, et les épaules fournissent le cercle. Cet air de manége se prend d'abord au pas ; si le cheval répond bien, on le lui fait exécuter au galop raccourci.

Le TERRE-A-TERRE est une espèce de galop dans lequel le cheval se lève les deux jambes de devant ensemble et les pose à terre d'un même tems, le derrière accompagnant cette action d'un mouvement de hanches uniforme. Cet exercice est très-violent.

Pour qu'un cheval soit parfait, quand il est dressé aux airs de manége, il faut que, renfermé moelleusement dans les jambes et dans la main, il ne cherche nullement à s'appuyer sur le mors, mais qu'au contraire, le cavalier lui rendant la main, il s'élève, soutienne sa tête, se grandisse, se pare, et, sans rien diminuer de la vivacité de ses mouvemens, semble se plaire à augmenter son action.

AIRS RELEVÉS.

Les airs relevés ou détachés de terre sont *la Pezade, le Mézair, la Courbette, la Croupade, la Balotade, la Capriole, le Pas-et-le-Saut.*

La PEZADE est un air dans lequel le cheval s'élève de terre des deux jambes de devant, dans la même place, sans détacher de terre les jambes de derrière, non comme s'il se cabrait, mais étant tenu dans la main par son cavalier, et pliant les hanches et les jarrets sous lui, enfin, ayant beaucoup de moelleux dans le mouvement.

Pour faire LA COURBETTE, le cheval s'élève également de terre avec légèreté des deux jambes de devant, et ses hanches accompagnent ce mouvement d'une cadence égale et basse des hanches dans l'instant que le devant se pose à terre. Le MÉZAIR n'est autre chose qu'une demi-courbette, dont le mouvement est moins détaché de terre, plus bas et plus prompt que la courbette.

Pour bien faire exécuter le mézair et la courbette à son cheval, il faut l'enlever légèrement du devant, la main prenant ce tems moelleux et prompt, et le faisant suivre naturellement de l'effet des jambes sans chasser le cheval avec vigueur, dans la crainte de le trop presser ; car, cet exercice demande une grande souplesse dans les jambes et non de la roideur dans les jarrets, les gras de jambes devant suffire pour aider le cheval.

Je ferai remarquer, à propos de la courbette, que, si au galop, au terre-à-terre, à la pirouette, etc., le cheval porte ses jambes l'une devant l'autre, tant du devant que du derrière, il y a cette différence avec les *airs relevés* que, dans ceux-ci, les jambes doivent être égales et ne doivent pas plus avancer l'une que l'autre.

Le cheval s'enlève des quatre jambes en même-tems, dans LA CROUPADE, LA BALLOTADE et LA CAPRIOLE ; mais avec ces différences que, dans la croupade, le cheval trousse et retire les jambes et les pieds de derrière sous le ventre ; dans la ballotade, il montre ses fers sans détacher la ruade, et dans la capriole, il détache vive-ment la ruade quand il est en

I

l'air à une égale hauteur du devant et du derrière.

Le PAS-ET-LE-SAUT se compose de trois tems ; le premier, un tems de galop raccourci ou terre-à-terre ; le second, une courbette, et le troisième, une capriole, et ainsi alternativement.

Les principes généraux d'exécution des airs de manége sont d'aider à propos son cheval de la main, soutenue un peu en avant, à chaque fois que le devant tombe à terre, afin de procurer, par une tension moelleuse des rênes, un effet du mors sur les barres, assez considérable pour enlever le devant du cheval. Dès qu'il est en l'air, il faut lui rendre la main, soit pour lui donner la liberté de détacher la ruade, si c'est pour sauter, soit pour ne pas le faire reculer, si c'est pour lui demander une courbette.

On ne peut guères dresser un cheval aux airs relevés que dans les piliers, aussi n'en ai-je parlé que très-succinctement, sans donner les moyens de les exécuter, moyens qui, au reste, dérivent de tous les préceptes qui précèdent.

Je laisse aux professeurs d'équitation, qui ont une connaissance approfondie de cet art, à expliquer avec plus de détails, dans leurs leçons, tous les principes que je n'ai pu qu'indiquer et qu'ils ont reçus de leurs premiers maîtres, en y joignant tout le poids de leur propre expérience. La pratique peut seule former un cavalier et lui mériter le nom d'homme de cheval, titre qu'on n'acquiert qu'après plusieurs années de manége ; car, ce n'est pas dans l'espace de deux ou trois mois qu'on apprend à développer habilement les qualités et les moyens d'un cheval. Parmi ces professeurs, je citerai, à Nantes, M. Pâquer, excellent professeur d'hippiatrique, qui a fourni à la Société Académique de la Loire-Inférieure, dont il est membre, un très-bon mémoire sur l'amélioration de la race des chevaux, et M. Foison, ancien capitaine de cavalerie, chevalier de la Légion-d'Honneur, élève d'un célèbre écuyer de l'académie d'Angers, M. de Pignerolles.

ÉQUITATION DES FEMMES.

L'ambition d'une femme qui veut se livrer à l'exercice du cheval ne doit pas aller jusqu'au désir de devenir un écuyer parfait; elle doit se borner à savoir diriger cet animal avec aisance et à lui faire prendre avec facilité et promptitude ses diverses allures. Elle laissera à un cavalier le soin de l'inspection de l'harnachement. Pour se mettre en selle, elle se placera le dos tourné au cheval, à très-peu de distance de l'épaule du montoir; elle saisira solidement, et avec la main droite, le pommeau de la selle, ayant les rênes très-longues dans la même main; elle posera, en même-tems, la main gauche sur l'épaule du cavalier qui tiendra son cheval, et dont la main droite lui servira d'appui pour le pied gauche; ou bien, prenant la position du cavalier avant de monter à cheval, elle chaussera le pied gauche dans l'étrier, pouvant ainsi, à la rigueur, se passer de tout secours; à l'aide de l'un ou de l'autre appui elle s'enlèvera, en roidissant le jarret, et se placera légèrement et hardiment en selle; elle passera aussitôt la cuisse droite sur le pommeau de la selle, la jambe tombant mollement sur l'épaule gauche du cheval, le pied plus en avant qu'en arrière; elle chaussera son étrier, la jambe tournée en dedans; elle prendra la bride dans la main gauche, à côté de laquelle elle placera la main droite, qui s'emparera de la cravache, que lui donnera son cavalier, la laissant tomber le long de l'épaule droite du cheval, sans le toucher. Ayant ainsi pris son assiette, la poitrine bien ouverte et les épaules effacées, elle tâchera de conserver à cheval la même position que le cavalier.

Il me parait peu nécessaire de recommander à une femme d'avoir de la grâce et de l'aisance ; il est un maître qui lui en enseignera plus que moi à cet égard, le désir de plaire ne perd jamais ses droits ; mais je n'emploierai point le jargon de la galanterie, auquel d'ailleurs je n'entends rien, dans un Manuel d'Équitation. Cette position bien assurée, elle ajustera ses rênes et pourra prendre ensuite le filet dans la main de la cravache. Alors, pour diriger son cheval, elle mettra en pratique les principes que contiennent les chapitres pré-cédens et que je ne répéterai point, laissant à l'intelligence féminine le soin de choisir ceux qui sont communs aux deux sexes et de rejeter ce qui a spécialement rapport aux hommes. Cependant, en lui rappelant ce premier principe de l'équitation, que la main ne dirige que l'avant-main du cheval et que les jambes conduisent l'arrière-main, je lui dirai que la cravache, qui lui est indispensable, est placée dans la main d'une femme non-seulement comme châtiment, mais encore comme aide, afin de suppléer à la jambe droite, en frappant le cheval plus ou moins fort selon l'humeur, le caractère ou la sensibilité de l'animal. Je n'indiquerai donc pas une seconde fois les moyens d'arrêter, de reculer, de tourner à droite et à gauche, etc., etc., de marcher, de trotter, et même de galoper. Dans le manége, une femme devra faire galoper son cheval sur l'un et l'autre pied ; mais, hors de cette enceinte, pour ne point ressentir le mouvement désagréable que lui ferait éprouver le galop à gauche, elle enlèvera le plus souvent son cheval au galop à droite, en lui appliquant un léger coup de cravache sur l'épaule droite. C'est à ces courtes explications que je borne les principes d'équitation pour les femmes ; avec un peu de hardiesse et d'usage, elles pourront prouver qu'au manége, comme dans le monde, la faiblesse triomphe souvent de la force, et que l'animal le plus fier finit toujours par devenir leur esclave.

ÉQUITATION DES ARABES.

Tous les peuples d'Orient et surtout les Arabes, nés cavaliers mais non pas écuyers, ont des principes très-différens des nôtres sur la manière de monter, de dresser et de nourrir leurs chevaux, dont la supériorité sur tous ceux des autres peuples ne peut être contestée. Il semble que le beau ciel de ces contrées brûlantes répande sur ces coursiers la plus heureuse influence: ils ont dans leurs formes et dans leurs mouve-

mens une élégance et une noblesse
qui n'appartiennent qu'à eux. Ils
ont conservé ce charme qui est
particulier à tous les ouvrages de
la nature, que l'homme n'a pas
altérés et façonnés à son gré,
parce que leur race s'est conservée
pure en ne se multipliant que
parmi des individus de la même
race. C'est encore l'animal belliqueux et intelligent que l'antique
Ismaëlite associait à sa vie errante.

Le blanc, le gris et ses diverses
nuances sont les poils dominans
des chevaux arabes ; le poil bai
est peu commun et le noir très-
rare. Leur équipement diffère
beaucoup de celui des chevaux
d'Europe. Le mors de leur bride,
fait en forme de cou de cygne,
pèse plusieurs livres, et les branches
en sont larges : la gourmette est
un anneau ovale d'une seule pièce
de fer. Leur selle, toute en bois,
est doublée d'une espèce de feutre
épais ; elle a un dossier de six

à huit pouces de haut , assez semblable à celui d'un fauteuil ; le pommeau du devant est de la grosseur du bras , il s'élève perpendiculairement de cinq à six pouces, et les fontes y sont attachées. Les étriers sont formés d'une plaque de cuivre recourbée des deux côtés, de façon à donner au pied une surface plus longue et plus large que celle qu'il offre lui-même, un peu convexe et de forme circulaire : les angles , qui avoisinent les flancs du cheval , sont acérés et tiennent lieu d'éperons. Les Arabes, les jambes ployées sur ces étriers attachés fort courts , se dressent dessus, en combattant, parce qu'ils peuvent ainsi , disent-ils , porter ou parer un coup de sabre ou de lance, de l'avant ou de l'arrière-main , avec aisance et fermeté. Toutefois, il est impossible que, dans cette position , ils aient l'air de noblesse et d'aisance, la grâce et le moelleux des mouvemens qui

distinguent un bon écuyer euro-
péen ; mais, intrépides cavaliers,
ils sont habiles à tirer un brillant
parti de leurs chevaux. Ils ne
leur permettent que deux allures,
le pas, qu'ils ont très-alongé, et
le galop le plus étendu. Ils regardent
le trot comme une allure ignoble :
aussi, dans leur langage oriental,
les comparent-ils aux gazelles aux
jambes fines, qui fendent l'air
avec plus de promptitude que le
javelot du mameluck et enchantent
les regards de la beauté par leurs
formes gracieuses et légères.

Le coursier du désert est ainsi
décrit par un poëte arabe : « Ce
» noble coursier est plus rapide
» qu'un coup-d'œil ; lorsqu'il s'é—
» lance et vole, on dirait qu'il
» laisse derrière lui le vent et
» l'éclair. Voyez ! il est noir, il
» a le front blanc et les pieds de
» même couleur : c'est une nuit
» d'hiver, dans laquelle brille la
» lune, environnée du cortége des
» étoiles. »

C'est par un régime convenable, par une douce et intime familiarité avec son maître que toutes les facultés du corps et de l'intelligence de cet admirable et précieux quadrupède sont habilement developpées et perfectionnées. On pourrait donc dire que, d'un côté, ses rapports avec l'homme donnent à son instinct plus d'étendue et que, de l'autre, l'influence du climat ajoute à ses formes plus de beauté et d'élégance.

Les chevaux arabes sont presque tous d'une taille médiocre, fort dégagés, et plutôt maigres que gras. On ne leur fait jamais l'opération de la castration. On les ferre comme en Europe, mais avec des fers plus légers et des clous qui n'ont qu'une tête très-mince. Ils sont pansés soir et matin très-régulièrement et avec tant de soins qu'on ne leur laisse pas la moindre crasse sur la peau. On les étrille avec un instrument à-peu-près semblable à ceux dont on fait usage en Europe et on termine le pansement avec une brosse faite de filamens de dattier. Dans les villes, pendant les nuits d'hiver, on leur met une couverture sur le dos; le jour, on les tient sellés. On les nourrit avec de la paille hachée. On leur en donne avant le lever du soleil, à midi et le soir. Ils boivent à 3 heures de l'après-midi et mangent ensuite une mesure d'orge du poids d'environ une livre. Pendant les trois mois d'hiver, on leur distribue le matin une poignée de trèfles, pour les échauffer. Quand ils reviennent de faire une course, on leur rafraîchit les naseaux avec une éponge imbibée d'eau et, avant de les rentrer à l'écurie, on les promène pendant quelque tems; on leur frotte ensuite les jambes avec de la paille. On coupe les crins aux jeunes poulains, afin que la crinière et le toupet deviennent plus touffus et plus longs.

J

Les Arabes, pour dresser leurs chevaux à certains exercices età certaines habitudes particulières, s'attachent à leur assouplir les hanches et les épaules, à les rendre obéissans aux aides ou seulement à la voix ; ils les exercent à marcher d'un pas alongé, à partir d'un tems au galop, à courir et à caracoler sur toutes sortes de terrains, à s'arrêter court, à faire la demi-volte par la pirouette au milieu de la course la plus rapide, à galoper avec légèreté, à fournir des passades furieuses, et enfin à faire des voltes redoublées sur les deux mains. Ils les habituent à nager, à s'approcher sans frayeur du feu et des bêtes féroces ; à suivre le cavalier, s'il met pied à terre ; ou à rester en place devant sa lance.

Les chevaux des Bedouins, élevés dans le désert, compagnons inséparables de ces hommes vagabonds qui passent leur vie à parcourir des sables brûlans , sont rationnés avec quelques poignées de fèves sèches , une fois seulement dans les 24 heures. Ils peuvent passer trois jours sans boire , malgré l'ardeur du soleil et la chaleur suffocante que réfléchit la carrière de leur course. Ils n'ont point l'élégance de ceux élevés dans les villes, mais ils sont plus souples , plus agiles et plus infatigables. Les uns et les autres sont courageux , dociles et faciles à monter. Les Bedouins préfèrent les jumens aux chevaux , parce qu'elles ne hennissent point et qu'elles ont beaucoup plus d'ardeur : ils n'ont qu'une tente pour maison. Cette tente leur sert d'écurie : la jument, le poulain , le mari , la femme et les enfans, dit Buffon , y couchent tous pêle mêle les uns avec les autres : on y voit les petits enfans sur le corps , sur le cou de la jument et du poulain, sans que ces animaux les blessent ni les incommodent , on dirait qu'ils n'osent se remuer de peur de leur faire du mal. Ces jumens sont si accoutumées à vivre dans cette familiarité qu'elles souffrent toutes sortes de badinages.

Ces cavaliers errans, qui ne vivent guères que de pillage, attachent leur fortune à celle du cheval. Ils prétendent que ce généreux animal a la faculté de découvrir de loin l'ennemi de son maître ; qu'il reconnait, par la force de son odorat, les embûches de l'assassin caché pour le surprendre ; qu'il l'en avertit par ses hennissemens ; qu'enfin il refuse de marcher, si l'Arabe, méprisant ses avis, veut continuer sa route. Ainsi, chez ce peuple pasteur, le cheval n'est pas seulement l'ami de la famille, le compagnon du maître, c'est encore à ses yeux un être intelligent qui veille à sa sûreté, aussi ne le bat-il jamais : il parle et raisonne avec lui ; il en prend le plus grand soin ;

il le laisse presque toujours aller au pas et il ne le pique jamais sans nécessité ; mais, dès que le cheval se sent chatouiller le flanc avec le coin de l'étrier, il part subitement et va d'une vîtesse incroyable ; il saute les haies et les fossés aussi légèrement que les biches, et si son cavalier vient à tomber, il s'arrête tout court, même dans le galop le plus prompt.

Accoutumé dès l'enfance à conduire un coursier, l'Arabe le regarde comme un compagnon destiné à partager ses périls, ses dangers et sa gloire, comme un ami dont l'instinct s'élève jusqu'au sentiment.

Ces animaux, les plus chers amis de leurs maîtres, doivent savoir supporter la faim, la soif et toutes les intempéries des saisons. Pendant le jour on les laisse exposés à toute l'ardeur du soleil, attachés en terre à des piquets par les quatre pieds, de manière à les rendre immobiles. « J'ai souvent admiré, dit un des plus célèbres de nos écrivains modernes, un cheval arabe enchaîné dans le sable brûlant, les crins descendans épars, la tête baissée entre les jambes, pour trouver un peu d'ombre, et laissant tomber, de son œil sauvage, un regard oblique sur son maître. Avez-vous dégagé ses pieds des entraves, vous êtes-vous élancé sur son dos ? *Il écume, il frémit, il dévore la terre ; la trompette sonne, il dit: allons !* et vous reconnaissez le cheval de Job. »

TABLE.

www.ingramcontent.com/pod-product-compliance
Ingram Content Group UK Ltd.
Pitfield, Milton Keynes, MK11 3LW, UK
UKHW020330180726
13839UKWH00002B/620